I0758323